WEIHNACHTS Plätzchen

Elisabeth Bangert

WEIHNACHTS Plätzchen

EDITION XXL

Inhaltsverzeichnis

Vorwort **11**

Ratgeber **12**

Schwierigkeitsgrad 1
Einfache Rezepte zum Warmwerden **16**

Nur kurz zusammenrühren, ausstechen oder aufs Blech setzen und ab in den Ofen damit.

Schwierigkeitsgrad 2
Rezepte für geübte Zuckerbäcker **42**

Mit ein bisschen Geschick und Fingerspitzengefühl köstliche Weihnachtsleckereien zaubern.

Schwierigkeitsgrad 3
Anspruchsvolle Rezepte für Genießer **66**

Himmlisch leckere Naschereien, für die man etwas Geduld und Sorgfalt braucht.

Vorwort

Weihnachtszeit ist Plätzchenzeit! Schon seit unserer frühen Kindheit mögen wir den Duft von frischem Gebäck, der die Räume durchzieht, wenn draußen der Schnee leise rieselt und im Kamin das Feuer flackert. Genießen auch Sie diese herrliche Stimmung und verwöhnen Sie sich und Ihre Familie mit Selbstgebackenem.

Alle Rezepte sind sorgfältig ausgewählt und zusammengestellt. Doch nicht nur das, sondern sie wurden auch alle in der Testküche ausprobiert, sodass Ihnen garantiert jede Sorte gelingt. Alle Arbeitsschritte sind übersichtlich, oftmals sogar mit Foto, dargestellt. Die Fotos der fertigen Gebäckstücke zeigen Ihnen, wie mit einer netten Dekoration auch das Auge mitessen kann.

Ich empfehle Ihnen, auf jeden Fall vor Beginn des Backens alle Zutaten genau abzumessen und bereitzustellen. Dies ist umso wichtiger, wenn Sie mehrere Sorten auf einmal backen möchten. Ganz schnell hat man die Zutaten verwechselt oder weiß nicht mehr, ob man den Vanillezucker jetzt schon in die Masse gerührt hat oder nicht.

In diesem Buch sind die Klassiker wie Buttergebäck, Spritzgebackenes oder Anisplätzchen enthalten, aber auch einige neue, sicher interessante Kreationen, die es auszuprobieren lohnt. Jedes Rezept ist nach Schwierigkeitsgrad mit einem, zwei oder drei kleinen Rührlöffeln gekennzeichnet.

Bewahren Sie das fertige Gebäck am besten in Blechdosen mit Deckel auf, damit es nicht austrocknet bzw. knusprig bleibt. Manche Sorten schmecken erst, wenn sie einige Zeit in einem geschlossenen Gefäß aufbewahrt wurden, andere sind frisch verzehrt am besten. Das alles werden Sie ganz schnell selbst herausfinden.

Ich wünsche Ihnen viel Spaß beim Backen und bin mir sicher, dass Ihnen die Plätzchen gelingen und natürlich auch schmecken.

Ihre Elisabeth Bangert

Ratgeber

Aufbewahren

Grundsätzlich müssen die gebackenen Plätzchen auf einem Kuchengitter gut auskühlen. Erst wenn sie erkaltet sind, kann man sie zum Aufbewahren verpacken.

Knusprig bleiben Plätzchen, wenn man sie in gut verschließbare Dosen gibt. Die Dose muss fest verschlossen sein. Es reicht nicht aus, wenn der Deckel aufliegt.

Weich werden Plätzchen, wenn man sie an der Luft – am besten in der Küche – stehen lässt. Erst dann in Dosen mit lose aufliegendem Deckel legen. Soll das Gebäck weich bleiben, legt man eine Scheibe Brot oder einen Apfel mit in die Dose.

Mehrere Sorten kann man problemlos zusammen in einer großen Dose aufbewahren. Zwischen die einzelnen Sorten Pergamentpapier oder Alufolie legen.

Gewürzplätzchen sollten nicht mit anderen Sorten in einer Dose aufbewahrt werden, da sich das intensive Aroma auf die anderen Plätzchensorten überträgt.

Alle Plätzchen müssen kühl und trocken aufbewahrt werden.

Backen

Ein Backofen mit Heißluftbeheizung ist beim Plätzchenbacken von großem Vorteil. Es können mehrere Bleche mit Plätzchen auf einmal eingeschoben und gebacken werden. Beim Backen mit Ober-/Unterhitze kann man immer nur ein Blech mit Plätzchen backen.

Öfen mit herkömmlicher Ober-/Unterhitze müssen vorgeheizt werden, bei Heißluft schiebt man das Backblech in den kalten Backofen.

Glasuren

Mit Zucker- oder Schokoladenglasur schmecken die Plätzchen natürlich noch viel besser. Es gibt Kuvertüren aus weißer, Bitter-, Halbbitter- und Vollmilchschokolade. Die Kuvertüre wird einfach im heißen, nicht kochenden Wasserbad flüssig gemacht, dann erkalten lassen und nochmals erwärmen, erst dann ist sie gebrauchsfertig.

Fertige Glasuren (meistens Fettglasuren) werden mit Schokoladen-, Haselnuss-, Vanille- oder Zitronengeschmack angeboten. Die Töpfchen brauchen nur im Wasserbad erwärmt zu werden, und schon sind sie gebrauchsfertig. Aber Vorsicht, es darf kein

Tropfen Wasser in die Glasur gelangen, sonst wird sie sofort fest und lässt sich nicht mehr verflüssigen. Für Zuckerglasuren den Puderzucker durchsieben und mit wenig Wasser oder Eiweiß gründlich verrühren. Nach und nach einige Tropfen Zitronensaft hinzufügen, bis eine zähflüssige, streichfähige Masse entsteht, die dann mit Lebensmittelfarben noch unterschiedlich eingefärbt werden kann. Zuckerglasuren lassen sich auch

dadurch variieren, indem man sie mit verschiedenen Likören (z. B. Eierlikör, Mokkalikör) aromatisiert.

Rosinen

Ob Rosinen, Sultaninen oder Korinthen – auf jeden Fall die getrockneten Trauben vor dem

Gebrauch immer einweichen, waschen und mit Küchenkrepp gut abtrocknen.

Springerleformen

Es gibt verschiedene Formen und Größen. Bei flachen Holzformen mit kleinen, sehr feinen Motiven werden die Platten fest in den Teig

eingedrückt. Mit einem Teigrädchen oder scharfen Messer lassen sich die Motive trennen und danach setzt man sie auf das Backblech. Je feiner die Motive ausgearbeitet sind, desto teurer sind die Platten. Für eine 12er-Platte wie abgebildet gibt man leicht 70,00 bis 80,00 Euro aus. Einzelformen sind bis zu 12 cm hoch und ca. 8 cm breit. In diese Formen passt schon einiges mehr an Teig. Bei den größeren Formen sieht es

besonders schön aus, wenn der Teig mit einem Teigrädchen ausgeschnitten wird.

Die Springerle erhalten dann einen kleinen zackigen Rand.

Spritzbeutel

Der Spritzbeutel ist ein tütenförmiger Stoffsack. Am spitzen Ende hat er ein Loch, durch das die jeweilige Spritztülle von innen eingesteckt wird.

Neuere Varianten ermöglichen auch das Wechseln der Tülle von außen. Dies hat den Vorteil, dass

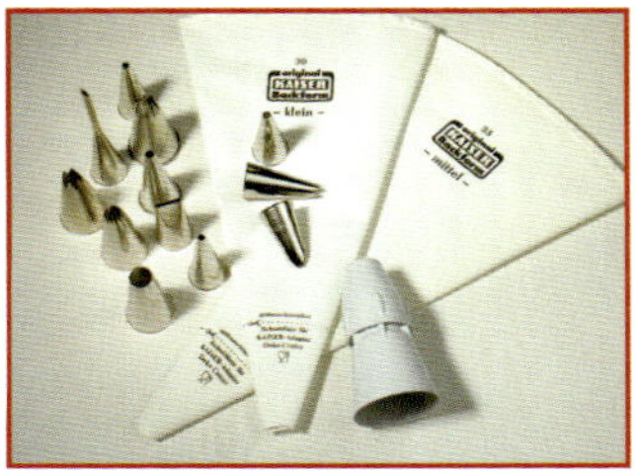

man bei gefülltem Spritzbeutel die Tülle auswechseln und verschiedene Dekorationen spritzen kann.

Verzieren

Selbstverständlich kann man beim Verzieren und Dekorieren der Plätzchen seiner Fantasie freien Lauf lassen. Ob farbiges Marzipan, Zuckerschriften oder kleine Schokoladenherzen – es gibt eine unglaubliche Vielzahl an fertigen

Dekorzutaten, die, über einen Guss oder eine Glasur gestreut, die Plätzchen „verzaubern".

Dekortüte

Feine Dekorationen aus Schokoladenglasur gelingen am besten

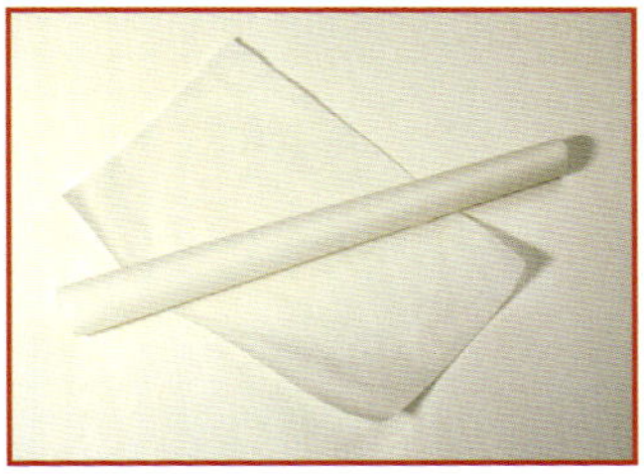

mit kleinen, selbst gebastelten Papiertüten aus Pergamentpapier.

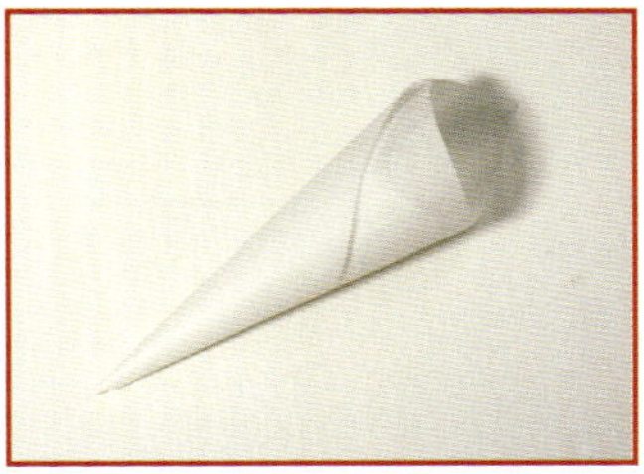

Ein rechteckiges Stück Pergamentpapier zurechtschneiden. Das Pergamentpapier zu einer kleinen Tüte rollen und eine winzige Spitze abschneiden. Die Tüte mit

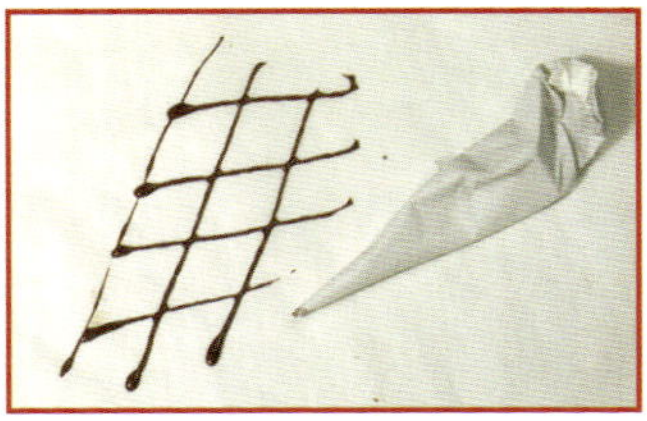

der flüssigen Schokoladenglasur füllen und schnell über das zu dekorierende Gebäck führen.

Ratgeber

Zum Plätzchenbacken braucht man oft Zutaten, die nicht unbedingt ständig im Vorratsschrank sind. Einige wichtige, die Plätzchen ein unverwechselbares Aroma und einen feinen Geschmack geben, haben wir nachfolgend zusammengestellt.

Anis

Anis gehört zur Familie der Doldenblütler und ist ganz oder gemahlen erhältlich. Die Samen der Pflanze riechen angenehm süß-aromatisch und schmecken leicht herb. Anis sollte sparsam dosiert werden. Für Springerle oder Anisplätzchen kann man ihn allerdings großzügiger verwenden.

Galgant

Galgant ist eine würzige, ingwerartige Wurzel. Sie ist bei uns in der Regel nur pulverisiert erhältlich. Da sie einen pfeffrigen Ingwergeschmack hat, sollte das Pulver nicht zu großzügig verwendet werden.

Ingwer

Ingwer ist die würzig-scharfe und leicht süße, knollige Wurzel einer tropischen Gewürzlilie. Wie Anis sollte Ingwer nur sparsam verwendet werden. Ingwer wird in unterschiedlichen Formen angeboten: frisch, kandiert, in Sirup eingelegt, getrocknet oder gemahlen. Ingwerpulver darf bei Leb- und Pfefferkuchen nicht fehlen.

Kakao

Da Kakao meistens sehr klumpig ist, muss er vor jeder Verwendung durchgesiebt werden.

Kardamom

Kardamom wird aus der getrockneten Fruchtkapsel einer Ingwerstaude gewonnen. Da Kardamom ein nicht ganz billiges Gewürz ist, wird die Schale oft mitgemahlen. Er gehört neben Safran und Vanille zu den teuersten Gewürzen der Welt, duftet sehr aromatisch

und schmeckt feurig-würzig. Kardamom sollte bald aufgebraucht werden, da er sehr schnell sein Aroma verliert.

Muskatnuss

Die Muskatnuss ist der Samenkern des Muskatbaumes. Ob frisch gerieben oder fertig gemahlen, dieses Gewürz sollte sehr sparsam verwendet werden. Die Nuss gibt es ganz oder pulverisiert zu kaufen. Sie duftet fein aromatisch und schmeckt feurig-würzig und leicht bitter.

Piment

Bei Piment handelt es sich um die Beeren des Piment- oder Nelkenpfefferbaumes aus Südamerika. Sie schmecken wie eine Mischung aus Nelken, Pfeffer und Muskat scharf und pfeffrig, riechen jedoch süßlich-würzig. Piment ist in Form von

Ratgeber

getrockneten Beeren oder bereits gemahlen erhältlich.

Vanille

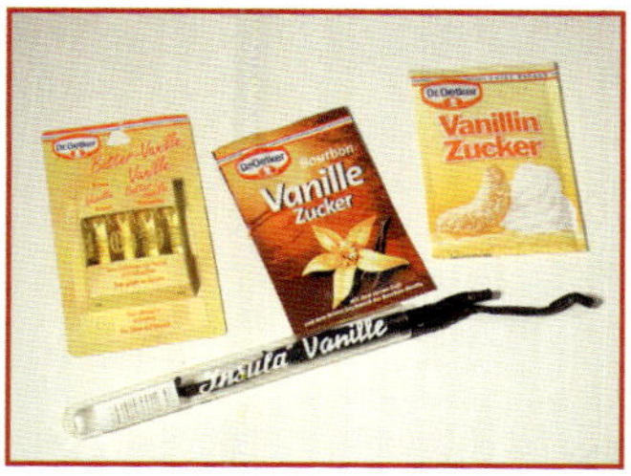

Die Vanilleschote ist die Fruchtschote einer Orchidee. Vanille besitzt einen sehr intensiven Duft und einen süßlich-würzigen Geschmack. Das Mark der getrockneten Vanilleschote verfeinert mit seinem zarten Aroma das Gebäck. Für die Backstube gibt es noch die Möglichkeiten, entweder Vanille-Aroma, echten Bourbon-Vanillezucker oder Vanillin-Zucker zu verwenden. Bei Vanillin handelt es sich um einen Vanilleersatzstoff.

Zimt

Stangenzimt ist die Rinde junger Triebe des Zimtbaumes. Der Zimtbaum gehört zur Familie der Lorbeergewächse. Bei der Ernte werden die äußere und die innere Rinde entfernt, dadurch dreht sich die Zimtrinde beim Trocknen zu einem Röllchen. Je dünner das

Röllchen, desto feiner das Aroma. Als echter Zimt wird nur der Stangenzimt aus Sri Lanka bezeichnet. Gerollt und gemahlen hat er ein süßliches und feurig-brennendes Aroma.

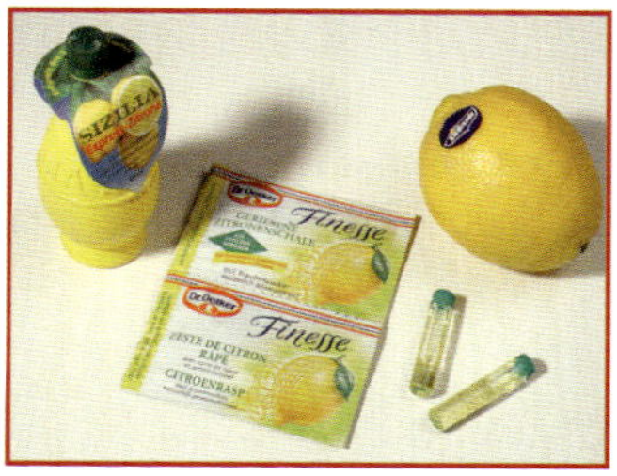

Zitronen

Zitronen haben eine besonders schmackhafte Würzkraft. Ob Schale oder Saft, beide Varianten werden in zahlreichen Plätzchensorten verwendet. Sehr oft wird die abgeriebene Schale einer unbehandelten Zitrone als Zutat angegeben. Da wir heute kaum noch unbehandelte Zitronen kaufen können, empfehlen wir, auf geriebene Zitronenschale aus frischen Zitronen, fertig abgepackt und aromaversiegelt angeboten, zurückzugreifen. Zitronensaft gibt es in Flaschen oder kleinen Plastikbehältern überall zu kaufen. Auch Zitronenaroma findet in der Backstube häufig Verwendung.

Zucker

Gerade beim Plätzchenbacken kann man die vielen Varianten sehr gut verwenden. Bei den einzelnen Rezepten werden oft Zucker, Puderzucker oder brauner Zucker angegeben. In der Regel wird bei dem weißen Zucker der normale Haushaltszucker verwendet. Beim Rühren löst sich jedoch feiner Zucker schneller auf. Wird bei einem Rezept, zum Beispiel Heidesand, der Teig in Zucker gerollt, sollte man sehr feinen Zucker nehmen, da dieser den Teig besser umhüllt. Puderzucker muss vor dem Gebrauch grundsätzlich durchgesiebt werden. Hagelzucker wird fast ausschließlich zum Verzieren verwendet. Er kann stets mitgebacken werden und zerläuft nicht.

Buttergebäck

Zutaten:

Für den Teig:
1 Eigelb
200 g Butter
100 g Puderzucker
300 g Mehl
1 Prise Salz
2 TL Milch

Außerdem:
1 Eigelb
Zartbitterkuvertüre

Ergibt je nach Größe der Ausstechform ca. 50 Stück.

Tipp:

Bei der Wahl der Förmchen sind Sie völlig frei. Achten Sie darauf, dass sie nicht zu groß oder klein sind, da das Ausstechen sonst sehr mühsam wird. Förmchen aus Edelstahl, die punktgeschweißt sind, sind besonders lange haltbar.

Zubereitung:

1. Die Zutaten genau abmessen und bereitstellen. Den Backofen auf 190° C, Gas Stufe 3, Umluft 170° C vorheizen.
2. Das Eigelb, die Butter und den gesiebten Puderzucker sorgfältig verrühren. Das Mehl darübersieben, das Salz sowie die Milch hinzufügen und alles zu einem geschmeidigen Teig verkneten. Den Teig in Frischhaltefolie wickeln und mindestens eine Stunde im Kühlschrank ruhen lassen.
3. Den Teig zwischen zwei Lagen Backpapier gleichmäßig ca. 5 mm dick ausrollen. Herzen ausstechen und vorsichtig auf einem mit Backpapier belegten Blech verteilen.
4. Das Eigelb verquirlen und mit einem Backpinsel auf die Plätzchen streichen. Ca. sieben bis zehn Minuten backen und auskühlen lassen.
5. Die Kuvertüre grob zerkleinern und nach Packungsanweisung im heißen Wasserbad schmelzen lassen.
6. Die flüssige Kuvertüre in ein Pergament-Spritztütchen füllen, die Spitze ganz knapp abschneiden und im Zick-Zack über die Herzen führen.

3.

6.

Schoko-Knusperflocken

Zutaten:

etwas Butter
80 g Cornflakes
200 g Vollmilchschokolade

Ergibt etwa 50 Stück.

Zubereitung:

1. Die Zutaten genau abmessen und bereitstellen.

2. Die Butter in einer Pfanne erhitzen und die Cornflakes darin goldbraun rösten.

3. Die Cornflakes zum Erkalten auf einem mit Küchenkrepp belegten Brett ausbreiten.

4. Die Schokolade in eine Schüssel geben und im Wasserbad zum Schmelzen bringen. Die Cornflakes in die flüssig gewordene Schokolade einrühren.

5. Mit zwei Teelöffeln die Schoko-Cornflakes-Masse in kleinen Häufchen auf ein mit Pergamentpapier belegtes Brett setzen.

6. Die Schoko-Knusperflocken über Nacht in einem kühlen Raum fest werden lassen. Achtung: Nicht in den Kühlschrank stellen, da dort die Schokolade weiß wird!

3.

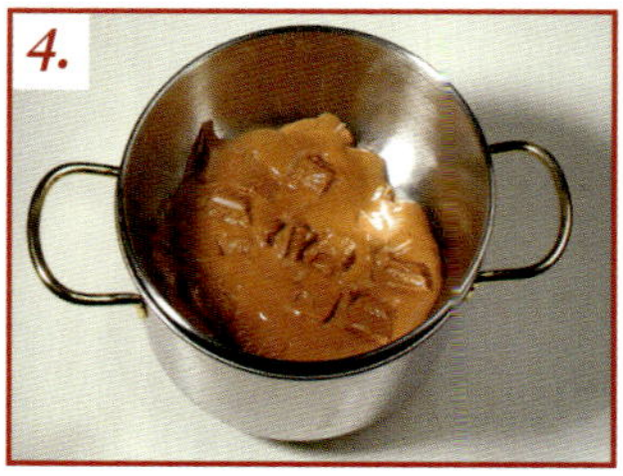

4.

5.

6.

Mini-Knusper-Cookies

Zutaten:

150 g gehackte Haselnüsse
40 g Zucker
100 g Bananenchips
150 g Mehl
100 g Haferfleks
1 TL Backpulver
1 Prise Salz
2 EL Honig
150 g weiche Butter
150 g Nussnugatcreme, z. B. Nutella
1 Ei

Ergibt etwa 60 Stück.

Zubereitung:

1. Die Zutaten genau abmessen und bereitstellen.

2. Den Backofen auf 180° C (Umluft 160° C) vorheizen.

3. Die gehackten Haselnüsse mit dem Zucker in einer Pfanne karamellisieren und abkühlen lassen.

4. Die Bananenchips grob hacken. Das gesiebte Mehl, die Haferfleks, das gesiebte Backpulver und das Salz vermischen.

5. Den Honig, die Butter, 100 g von der Nussnugatcreme sowie das Ei schaumig schlagen und das Mehlgemisch, ¾ der karamellisierten Haselnüsse und die grob gehackten Bananenchips unterrühren.

6. Mit einem Teelöffel kleine Teighäufchen auf ein mit Backpapier ausgelegtes Blech setzen und die Cookies ca. 8 bis 13 Minuten backen. Anschließend die Cookies auf einem Kuchenrost abkühlen lassen.

7. Die Plätzchen mit der restlichen Nussnugatcreme und den restlichen karamellisierten Haselnüssen verzieren.

Mandelsplitter

Zutaten:

100 g Vollmilchschokolade
100 g Mandelstifte
ca. 35 Papierförmchen

Zum Verzieren:
einige Mandelstifte

Ergibt etwa 35 Stück.

Zubereitung:

1. Die Zutaten genau abmessen und bereitstellen.
2. Die Schokolade in eine Schüssel geben und im heißen Wasserbad zerlassen.
3. Währenddessen die Papierförmchen auf einem Brett bereitstellen.
4. Die Mandelstifte in die flüssig gewordene Schokolade einrühren.
5. Mit 2 Teelöffeln kleine Häufchen in die Papierförmchen setzen und je nach Geschmack noch mit einigen Mandelstiften verzieren.
6. Die Mandelsplitter über Nacht in einem kühlen Raum fest werden lassen. Achtung: Nicht in den Kühlschrank stellen, da dort die Schokolade weiß wird!

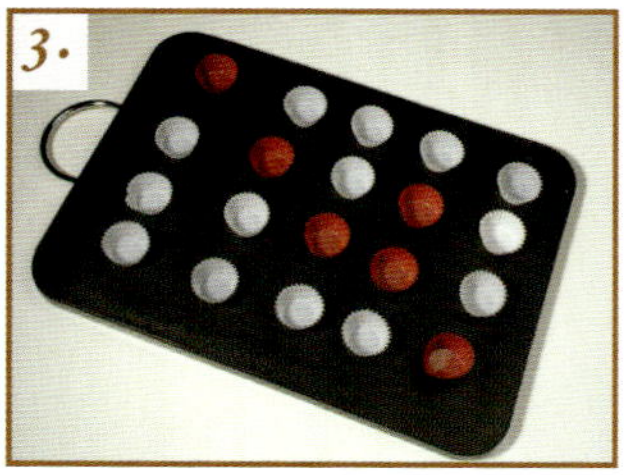

Schoko-Krokant-Stangen

Zutaten:

150 g Marzipan
75 g Puderzucker
3 Tropfen Bittermandelaroma
100 g Kölln Knusper Müsli Schoko-Krokant
2 EL Kakaopulver

Ergibt etwa 25 Stück.

Zubereitung:

1. Die Zutaten genau abmessen und bereitstellen.

2. Das Marzipan gut mit dem gesiebten Puderzucker und dem Bittermandelaroma verkneten. Das Müsli hinzufügen und darunterkneten.

3. Mit kühlen Händen aus der Masse kleine Stängchen formen und in dem gesiebten Kakaopulver wälzen.

Tipp:

Die Pralinen bis zum Verzehr in einem gut verschließbaren Gefäß bei kühler Temperatur aufbewahren.

Fruchthäufchen

Zutaten:

Für den Teig:
200 g Margarine
125 g Zucker
1 Päckchen Vanillezucker
1 Päckchen geriebene Zitronenschale (6 g)
1 Prise Salz
2–3 Eigelb
250 g Mehl
2 EL Milch
50 g Zitronat
100 g Orangeat
100 g süße Mandeln, gesplittert
100 g Rosinen oder Korinthen

Zum Verzieren:
Puderzucker

Ergibt etwa 80 Stück.

Zubereitung:

1. Die Zutaten genau abmessen und bereitstellen.
2. Margarine, Zucker und Vanillezucker mit den Schneebesen des Handrührgerätes verrühren.
3. Die geriebene Zitronenschale, die Prise Salz und die Eigelbe unterrühren.
4. Das Mehl durchsieben und nach und nach mit der Milch in den Teig einrühren.
5. Das Zitronat und das Orangeat mit einem scharfen Küchenmesser klein schneiden.
6. Zitronat, Orangeat und Mandeln unterheben.
7. Die Rosinen oder Korinthen waschen und untermischen.
8. Mit 2 Teelöffeln gleichmäßige Häufchen auf ein mit Backpapier belegtes Blech setzen. Bei ca. 180 bis 200° C (Umluft 160 bis 180° C) 15 bis 20 Minuten im vorgeheizten Backofen backen. Das erkaltete Gebäck mit Puderzucker bestäuben.

Baiser-Plätzchen

Zutaten:

Für den Teig:
4 Eier
1 Prise Salz
300 g Zucker
2 Päckchen Vanillinzucker

Zum Bestäuben:
Kakaopulver

Ergibt etwa 80 Stück.

Zubereitung:

1. Die Zutaten genau abmessen und bereitstellen.

2. Die Eigelbe vom Eiweiß trennen. Es darf kein Eigelb in das Eiweiß kommen, da der Eischnee sonst nicht gelingt.

3. Das Eiweiß mit dem Salz in eine saubere, vor allen Dingen fettfreie Schüssel geben und mit dem Schneebesen zu schnittfestem Eischnee schlagen.

4. Den Zucker und den Vanillinzucker langsam unter ständigem Weiterschlagen in die Eischneemasse einarbeiten.

5. Den Eischnee in einen Spritzbeutel mit einer Sterntülle füllen.

6. Die Masse in beliebigen Formen auf ein mit Backpapier belegtes Blech spritzen. Den Kakao durchsieben und einige Baiser-Teile damit fein bestäuben. Bei 75 bis 90° C 4 bis 5 Stunden im Backofen trocknen lassen.

2.

3.

4.

5.

6.

Vanillekipferl

Zutaten:

280 g Mehl
50 g gemahlene Haselnüsse
50 g gemahlene Mandeln
70 g Zucker
4 Päckchen Vanillinzucker
1 Prise Salz
2 Eigelb
200 g kalte Butter
100 g Puderzucker

Ergibt etwa 65 Stück.

Zubereitung:

1. Die Zutaten genau abmessen und bereitstellen.

2. Das Mehl in eine Schüssel sieben, gemahlene Haselnüsse und Mandeln sowie Zucker, 1 Päckchen Vanillinzucker, Salz und die Eigelbe hinzufügen, die Butter in Flöckchen dazugeben.

3. Die Zutaten – am besten mit den Händen – zu einem glatten Teig kneten und in Frischhaltefolie gewickelt ca. 1 bis 2 Stunden im Kühlschrank ruhen lassen.

4. Den Teigkloß in Portionen teilen und diese zu bleistiftdicken Strängen rollen.

5. Jeden Teigstrang in ca. 5 cm lange Stücke schneiden. Die Enden jeweils etwas dünner rollen, sodass sie spitz zulaufen.

6. Zum Schluss die einzelnen Teigröllchen zu kleinen Hörnchen biegen und auf ein mit Backpapier belegtes Blech legen. Im vorgeheizten Backofen bei 180° C (Umluft 160° C) ca. 10 Minuten backen.

7. In der Zwischenzeit den Puderzucker auf einen Teller sieben, mit dem restlichen Vanillinzucker mischen und die noch warmen (nicht heißen) Kipferl in der Mischung vorsichtig wenden, bis sie vollständig von der Zuckermischung umhüllt sind.

Pistazien-Mokka-Sterne

Zutaten:

Für den Teig:
300 g Mehl Type 405, z. B. von Goldpuder
80 g gemahlene Pistazien
250 g Butter, 80 g Puderzucker
1 Päckchen Vanillezucker
1 TL Orangenlikör, 1 Eigelb
Mehl zum Ausrollen

Für die Füllung:
150 g weiße Schokolade
4 TL Cappuccinopulver

Zum Verzieren:
50 g weiße Kuvertüre
30 Schoko-Mokkabohnen
Puderzucker

Ergibt etwa 30 Stück.

Zubereitung:

1. Die Zutaten genau abmessen und bereitstellen.

2. Die Teigzutaten zu einem glatten, geschmeidigen Teig verkneten und in Frischhaltefolie gewickelt ca. 2 Stunden kalt stellen.

3. Den Backofen auf 180° C (Umluft 160° C) vorheizen. Den Teig mit etwas Mehl bestäuben, auf einer bemehlten Arbeitsfläche ca. 5 mm dünn ausrollen und ca. 60 Sterne mit 6 cm Durchmesser ausstechen.

4. Die Sterne auf ein mit Backpapier belegtes Blech setzen und ca. 8 bis 10 Minuten backen.

5. Die Sterne auskühlen lassen. Für die Füllung die Schokolade im Wasserbad schmelzen lassen und das Cappuccinopulver unterrühren.

6. Die Masse auf die Hälfte der Plätzchen streichen, jeweils ein zweites Plätzchen daraufsetzen und leicht andrücken.

7. Für die Verzierung die Kuvertüre nach Packungsanweisung schmelzen, in ein Pergament-Spritztütchen füllen und jeweils einen Klecks auf jedes Plätzchen geben.

8. Sofort jeweils eine Mokkabohne daraufsetzen, trocknen lassen und mit Puderzucker bestäubt servieren.

Heidesand

Zutaten:

Für den Teig:
280 g Mehl
200 g Butter
100 g Puderzucker
1 Päckchen Vanillinzucker
1 Ei
1 Prise Salz
1 TL Zimt
Mehl zum Ausrollen

Zum Verzieren:
70 g feiner Zucker

Ergibt etwa 120 Stück.

Zubereitung:

1. Die Zutaten genau abmessen und bereitstellen.

2. Das Mehl und den Puderzucker durchsieben. Alle Teigzutaten zu einem gleichmäßigen Teig verkneten.

3. Den Teig mit den Handflächen zu 2 Rollen mit je ca. 4 bis 5 cm Durchmesser formen. Gleichmäßige Rollen erhält man, wenn diese zum Schluss mit einem Frühstücksbrettchen gerollt werden. Damit die Rollen nicht an der Arbeitsfläche festkleben, sie mit wenig Mehl bestäuben.

4. Die Teigrollen von eventuellen Mehlrückständen säubern, am besten mit einem Backpinsel und Wasser. Dies ist wichtig, damit der Zucker am Teig haften bleibt. Den Zucker auf der Arbeitsfläche verteilen und den Teig darin rollen, bis er ganz mit Zucker umgeben ist.

5. Die Rollen mit einem scharfen Messer in ca. 0,5 cm dicke Scheiben schneiden.

6. Die Scheiben auf ein mit Backpapier belegtes Blech legen. Der Teig kann eng auf dem Blech liegen, da die Plätzchen beim Backen kaum größer werden. Im vorgeheizten Backofen bei 200° C (Umluft 180° C) ca. 15 Minuten backen.

3.

4.

5.

6.

Schokokleckse

Zutaten:

Für den Teig:
180 g Zucker
3 Eier
100 g gemahlene Mandeln
100 g Schokoflocken
300 g Dinkelmehl Type 650
½ TL Backpulver
1 TL Zimt

Zum Verzieren:
Schokoladenglasur
25 g gehackte Pistazien

Ergibt etwa 70 Stück.

Zubereitung:

1. Die Zutaten genau abmessen und bereitstellen.

2. Den Zucker und die Eier mit den Schneebesen des Handrührgerätes zu einer schaumigen Masse rühren.

3. Die Mandeln und die Schokoflocken mit einem Rührlöffel unterheben.

4. Das Mehl und das Backpulver durchsieben, mit dem Zimt vermengen und in die Masse geben. Mit dem Rührlöffel zu einem glatten, nicht zu festen Teig verarbeiten.

5. Den Teig in einen Spritzbeutel mit Sterntülle füllen und kleine Kleckse auf ein mit Backpapier belegtes Blech spritzen.

6. Die Kleckse im vorgeheizten Backofen bei 180° C (Umluft 160° C) ca. 15 bis 20 Minuten backen.

7. Nach dem Backen zum Auskühlen auf ein Kuchengitter legen.

8. Die Schokoglasur nach Packungsanweisung schmelzen. Die Kleckse mit der oberen Seite in die Glasur eintauchen und auf ein mit Pergamentpapier belegtes Brett setzen. Sofort mit den Pistazien bestreuen, damit diese an der noch weichen Glasur haften bleiben.

Aprikosenhäufchen

Zutaten:

3 Eiweiß
100 g Zucker
2 Päckchen Vanillezucker
150 g getrocknete Aprikosen
125 g gehackte Haselnüsse
runde Backoblaten
(40 mm Durchmesser)

Ergibt etwa 65 Stück.

Zubereitung:

1. Die Zutaten genau abmessen und bereitstellen.

2. Das Eiweiß zusammen mit dem Zucker und dem Vanillezucker mit den Schneebesen des Handrührgerätes im heißen Wasserbad steif schlagen.

3. Die getrockneten Aprikosen auf einem Küchenbrett in feine Würfel schneiden.

4. Die klein geschnittenen Aprikosen und die Haselnüsse unter den Eischnee heben.

5. Die Backoblaten auf ein Backblech legen und mit 2 Teelöffeln kleine Häufchen auf die Oblaten setzen.

6. Bei 150° C (Umluft 130° C) im vorgeheizten Backofen ca. 40 Minuten backen, bis die Häufchen eine gelbliche Farbe haben.

Schokoladige Snowcaps

Zutaten:

100 g Zartbitterkuvertüre
50 g Butter
60 g Zucker
1 Ei
1 Eigelb
100 g Dinkelvollkornmehl, z. B. von Aurora
½ TL Backpulver
1 TL Zimt
100 g Puderzucker

Ergibt etwa 10 Stück.

Zubereitung:

1. Die Zutaten genau abmessen und bereitstellen.
2. Die Kuvertüre klein hacken. Mit der Butter in eine Schüssel geben und im heißen Wasserbad schmelzen.
3. In eine andere Schüssel umfüllen und abkühlen lassen. Dann den Zucker, das Ei und das Eigelb unterrühren.
4. Mehl und Backpulver durchsieben und mit dem Zimt unter die Kuvertüre heben. Den Teig 2 Stunden kalt stellen. Ein Blech mit Backpapier belegen.
5. Den Backofen auf 180° C (Umluft 160° C) vorheizen. Den Puderzucker auf einen flachen Teller sieben, den Teig zu walnussgrossen Kugeln formen und im Puderzucker wälzen.
6. Die Teigkugeln mit etwa 3 cm Abstand zueinander auf das Blech setzen. Die Kekse im heißen Backofen ca. 15 Minuten auf der mittleren Schiene backen.
7. Wenn nötig, das Backblech nach der Hälfte der Backzeit um 180° drehen. Die fertig gebackenen Snowcaps herausnehmen und abkühlen lassen.

Macadamia-Crisps „Ayers Rock“

Zutaten:

70 g ungesalzene Macadamianüsse
95 g Mehl
25 g Zucker
60 g Butter
4 EL Nutella

Ergibt etwa 25–30 Stück.

Zubereitung:

1. Die Zutaten genau abmessen und bereitstellen. Den Backofen auf 180° C, Gas Stufe 2–3, Umluft 160° C vorheizen.

2. 50 g von den Macadamianüssen hacken und die restlichen grob zerkleinern.

3. Das gesiebte Mehl, den Zucker, die Butter, zwei Esslöffel von dem Nutella und die gehackten Macadamianüsse zu einem geschmeidigen Teig verkneten. In Frischhaltefolie wickeln und ca. 30 Minuten kühl stellen.

4. Aus dem Teig mit angefeuchteten Händen kleine Kugeln mit einem Durchmesser von ca. 2 cm formen und auf einem mit Backpapier belegten Blech verteilen.

5. Jeweils ein Stück der grob zerkleinerten Macadamianüsse leicht in die Kugeln hineindrücken und die Plätzchen ca. sechs bis acht Minuten backen. Das restliche Nutella erwärmen, in ein selbst gebasteltes Spritztütchen füllen und die Macadamia-Crisps damit verzieren.

Zimtmakronen

Zutaten:

250 g gemahlene Haselnüsse
1 TL Zimt, gemahlen
½ TL granuliertes Vanille-Aroma, z. B. von Ostmann
4 Eiweiß
1 Prise Salz
1 TL Zitronensaft
250 g feiner Zucker
ca. 65 Haselnusskerne

Ergibt etwa 65 Stück.

Tipp zum Verschenken:

Eine Eierpalette mit goldener Farbe besprühen. Eine stimmungsvolle Serviette in die Vertiefungen drücken, Zimtmakronen nach Wunsch zusammen mit einigen Zimtstangen, Haselnusskernen und Engelshaar darauf anrichten. In durchsichtige Zellophanfolie eingepackt ein schönes Geschenk aus der eigenen Küche.

Zubereitung:

1. Die Zutaten genau abmessen und bereitstellen.
2. Den Backofen auf 150° C (Umluft 130° C) vorheizen.
3. Die Nüsse, den Zimt und das Vanille-Aroma mischen.
4. Das Eiweiß mit dem Salz und dem Zitronensaft sehr steif schlagen, den Zucker einrieseln lassen, die Nussmischung unterheben und mit 2 Teelöffeln kleine Makronen auf ein mit Backpapier belegtes Blech setzen.
5. Die Makronen mit je 1 Haselnuss verzieren und ca. 20 bis 25 Minuten backen.

Galgantplätzchen

Zutaten:

250 g Butter
500 g kernige Dinkelflocken
2 Vanilleschoten
2 Eier
150 g Rohrzucker
2 EL Galgant
2–3 EL Dinkelmehl

Ergibt etwa 100 Stück.

Zubereitung:

1. Die Zutaten genau abmessen und bereitstellen.

2. Die Butter in einer Pfanne erhitzen.

3. Die Dinkelflocken unterrühren und leicht rösten, anschließend erkalten lassen.

4. Das Vanillemark aus den Schoten herauskratzen.

5. Die Eier mit dem Zucker, dem Vanillemark und dem Galgant vermengen.

6. Die Masse schaumig rühren, bis sie kleine Bläschen zeigt.

7. Das gesiebte Dinkelmehl und die gerösteten Dinkelflocken unterheben.

8. Mit 2 Teelöffeln kleine Häufchen auf ein mit Backpapier belegtes Blech setzen und im vorgeheizten Backofen bei 180° C (Umluft 160° C) ca. 15 Minuten backen.

Kokos-Quark-Makronen

Zutaten:

4 Eier
150 g Zucker
1 Päckchen Vanillinzucker
65 g Magerquark
4 Tropfen Bittermandelaroma
200 g Kokosraspel

Ergibt etwa 60 Stück.

Zubereitung:

1. Die Zutaten genau abmessen und bereitstellen.
2. Vorsichtig die Eigelbe vom Eiweiß trennen. Es darf kein Eigelb in das Eiweiß kommen, da der Eischnee sonst nicht gelingt.
3. Das Eiweiß in einer sauberen, fettfreien Schüssel zu schnittfestem Schnee schlagen. Dabei den Zucker und den Vanillinzucker nach und nach einrieseln lassen.
4. Den Quark und das Bittermandelaroma vorsichtig unterheben.
5. Zum Schluss die Kokosraspel unter den Teig heben.
6. Die Masse in einen Spritzbeutel mit Sterntülle füllen. Auf ein mit Backpapier belegtes Blech kleine Rosetten spritzen.
7. Wer mag, kann anstelle des Backpapiers auch runde Backoblaten verwenden.
8. Den Backofen auf 200 bis 220° C (Umluft 180 bis 200° C) vorheizen und die Makronen 10 bis 15 Minuten backen.

Hirseplätzchen

Zutaten:

Für den Teig:
100 g weiche Butter
150 g Zucker
2 Eier
1 Päckchen Vanillezucker
1 Päckchen geriebene Zitronenschale (6 g)
1 EL Zitronensaft
40 g Mehl
1 TL Backpulver
200 g Hirseflocken
1 Prise Salz

Zum Belegen:
50 g Mandelstifte

Ergibt etwa 50 Stück.

Zubereitung:

1. Die Zutaten genau abmessen und bereitstellen.

2. Die weiche Butter und den Zucker mit den Schneebesen des Handrührgerätes verrühren.

3. Die Eier, den Vanillezucker, die Zitronenschale und den Zitronensaft nach und nach in die Butter-Zucker-Masse einrühren.

4. Das Mehl und das Backpulver durchsieben und mit den Hirseflocken und dem Salz vermischen.

5. Das Hirseflockengemisch esslöffelweise unter die Butter-Zucker-Masse rühren.

6. Mit 2 Teelöffeln kleine Teighäufchen auf ein mit Backpapier belegtes Blech setzen und mit den Mandelstiften belegen. Zwischen den Teighäufchen 2 bis 3 cm Abstand lassen, da sie beim Backen etwa doppelt so breit werden. Im vorgeheizten Backofen bei 180° C (Umluft 160° C) etwa 15 Minuten backen.

3.

5.

6.

Schokoladen-Kipferl

Zutaten:

Für den Teig:
150 g Zartbitterkuvertüre
500 g Aurora Lieblings-plätzchen-Backmischung
200 g weiche Butter
1 Ei Größe M
100 g gemahlene Mandeln
Mehl zum Ausrollen

Zum Verzieren:
100 g Zartbitterkuvertüre oder Kuchenglasur

Ergibt etwa 100 Stück.

Zubereitung:

1. Die Zutaten genau abmessen und bereitstellen.

2. Die Kuvertüre nach Packungsanweisung schmelzen.

3. Die Backmischung mit der Butter in kleinen Stücken, dem Ei und den Mandeln in eine Rührschüssel geben. Die Zutaten mit den Knethaken des Handrührgerätes verkneten, bis der Teig streuselartig ist.

4. Die geschmolzene Kuvertüre dazugeben. Mit den Händen zu einem glatten Teig verarbeiten und diesen anschließend mindestens 1 Stunde kühlen.

5. Den Backofen auf 180° C (Umluft 160° C) vorheizen.

6. Den Teig in 4 gleich große Portionen teilen. Die Teigportionen auf einer bemehlten Arbeitsfläche jeweils zu ca. 25 cm langen Rollen formen. Die Teigrollen in ca. 1 cm dicke Scheiben schneiden, zu Kipferln formen und auf mit Backpapier belegte Bleche legen.

7. Die Kipferl im heißen Backofen nacheinander ca. 11 Minuten auf der mittleren Schiene backen. Zum Auskühlen sofort auf ein Kuchengitter legen.

8. Für die Verzierung die Kuvertüre nach Packungsanweisung schmelzen. Die Spitzen der Kipferl darin eintauchen und die Plätzchen auf einem mit Pergamentpapier belegten Brett trocknen lassen.

Buntes Spritzgebäck

Zutaten:

Für den Teig:
200 g Mehl
100 g Speisestärke
180 g Butterschmalz
125 g Zucker
1 Ei
8 EL Weihenstephan laktosefreie Alpenmilch
2–3 Tropfen Butter-Vanille-Aroma
1 Päckchen Vanillezucker

Zum Verzieren:
Halbbitterkuvertüre, Zuckerguss, Krokant, Belegkirschen, Puderzucker

Ergibt etwa 60 Stück.

Zubereitung:

1. Die Zutaten genau abmessen und bereitstellen. Den Backofen auf 180–190° C, Gas Stufe 2–3, Umluft 160–170° C vorheizen.

2. Das Mehl mit der Speisestärke durchsieben und mit dem Butterschmalz sowie dem Zucker mit den Fingern vermengen, bis eine bröselige Masse entsteht. Erst dann die restlichen Teigzutaten schnell und kurz unterrühren.

3. Den Teig in einen Spritzbeutel mit Sterntülle füllen und auf ein mit Backpapier belegtes Blech nach Belieben verschiedene Formen spritzen, z. B. Ringe, Röschen, Hörnchen usw. Ca. zehn Minuten auf der mittleren Einschubleiste backen.

4. Das Gebäck nach Wunsch mit Kuvertüre, Zuckerguss, Krokant, Belegkirschen oder gesiebtem Puderzucker verzieren.

Tipp:

Spritzgebäck kann in jeder Jahreszeit zum Tee oder Kaffee gereicht werden.

Liebesgrübchen

Zutaten:

Für den Teig:
250 g Butter oder Margarine
130 g Zucker
2 Päckchen Vanillezucker
4 Eigelb
350 g Mehl
1 Päckchen Backpulver
Mehl für die Hände

Zum Füllen:
Himbeermarmelade

Zum Bestäuben:
Puderzucker

Ergibt etwa 90 Stück.

Zubereitung:

1. Die Zutaten genau abmessen und bereitstellen.

2. Die Butter oder Margarine, den Zucker, den Vanillezucker und die Eigelbe mit dem Schneebesen verrühren.

3. Das Mehl und das Backpulver durchsieben und nach und nach in die Masse einkneten.

4. Die Masse zu einem glatten Teig verarbeiten und ca. 2 Stunden im Kühlschrank ruhen lassen.

5. Aus dem Teig kleine Kugeln formen, dabei die Hände mit Mehl bestäuben, damit der Teig nicht an den Handflächen kleben bleibt. Die Kugeln auf ein mit Backpapier belegtes Blech legen und mit einem Teelöffel abflachen. Mit dem Stiel eines Rührlöffels kleine Grübchen eindrücken.

6. Die Himbeermarmelade mit einem Spritzbeutel mit Lochtülle in die Grübchen füllen. Bei 180° C (Umluft 160° C) im vorgeheizten Backofen ca. 15 Minuten backen.

7. Die erkalteten Plätzchen am Rand mit Puderzucker bestäuben.

Marzipankugeln

Zutaten:

Für den Teig:
ca. 20 g Haselnüsse (28 Stück)
10 g Butter
150 g Puderzucker
300 g Marzipanrohmasse
40 g gehackte Mandeln
3 EL Orangensaft

Zum Verzieren:
150 g weiße Schokoladen-kuvertüre
10 g Palmin
50 g Zartbitter-Schokoladen-kuvertüre

Außerdem:
ca. 28 kleine Papierförmchen

Ergibt etwa 28 Stück.

Zubereitung:

1. Die Zutaten genau abmessen und bereitstellen.

2. Die Haselnüsse in der Butter leicht anrösten, auf ein Stück Küchenkrepp legen und die Schale entfernen.

3. Den Puderzucker durchsieben und zusammen mit der Marzipanrohmasse, den Mandeln und dem Orangensaft zu einem gleichmäßigen Teig kneten.

4. Den Teig in 28 gleich große Stücke teilen und mit den Handflächen zu kleinen Kugeln rollen.

5. In jede Kugel mit dem Stiel eines dicken Rührlöffels eine Mulde drücken. In jede Mulde eine Haselnuss legen und den Teig wieder zu einer Kugel verschließen.

6. Die weiße Schokoladenkuvertüre nach Packungsanweisung schmelzen. Das Palmin hinzufügen, damit die Schokolade flüssig bleibt. Die einzelnen Kugeln mithilfe einer Kuchengabel ganz in die Schokolade eintauchen, auf ein mit Pergamentpapier belegtes Brett setzen und antrocknen lassen.

7. Die Zartbitterkuvertüre nach Packungsanweisung schmelzen und in ein Pergament-Spritztütchen füllen. Die Spitze knapp abschneiden und im Zick-Zack über die Kugeln führen.

8. Zum Schluss die verzierten und gut abgetrockneten Kugeln in die Papierförmchen setzen.

Karlsbader Zitronenringe

Zutaten:

Für den Teig:
500 g Mehl
250 g Butter
150 g Zucker
1 Päckchen Vanillinzucker
1 Ei Größe M
abgeriebene Schale einer unbehandelten Zitrone
1 Prise Salz

Außerdem:
Mehl für die Arbeitsfläche
100 g Puderzucker
2 EL Zitronensaft
175 g rotes Johannisbeergelee

Ergibt etwa 35 Stück.

Zubereitung:

1. Die Zutaten genau abmessen und bereitstellen. Den Backofen auf 200° C, Gas Stufe 3–4, Umluft 180° C vorheizen.

2. Das Mehl durchsieben und mit den restlichen Teigzutaten mit den Knethaken des Handrührgerätes zu einem Mürbeteig verarbeiten. In Frischhaltefolie (z. B. von Toppits) wickeln und ca. eine Stunde im Kühlschrank ruhen lassen.

3. Den Teig auf einer bemehlten Arbeitsfläche ca. 3 mm dick ausrollen und gezackte Kreise sowie Ringe gleicher Größe (Durchmesser ca. 5 cm) und Anzahl ausstechen.

4. Kreise und Ringe auf einem mit Backpapier (z. B. von Toppits) belegten Blech 12–15 Minuten backen und auskühlen lassen.

5. Den gesiebten Puderzucker mit dem Zitronensaft verrühren. Die Ringe damit bestreichen und fest werden lassen.

6. Das Gelee durch ein Sieb streichen, die Kreise damit bestreichen und die Ringe daraufsetzen.

Spitzbuben

Zutaten:

Für den Teig:
200 g Weizenmehl Type 550
200 g Kölln Instant Flocken
200 g Butter
4 Eigelb Größe M
100 g Zucker
1 Päckchen Vanillezucker
50 g gemahlene Mandeln

Außerdem:
Mehl für die Arbeitsfläche
½ Tasse (ca. 150 g) rotes Johannisbeergelee
½ Tasse (ca. 100 g) Puderzucker

Ergibt etwa 20–25 Stück.

Zubereitung:

1. Die Zutaten genau abmessen und bereitstellen. Den Backofen auf 200° C, Gas Stufe 3–4, Umluft 180° C vorheizen.

2. Das Mehl durchsieben und mit den restlichen Teigzutaten sowie zwei Esslöffeln Wasser zu einem glatten Teig verkneten. Eine halbe Stunde kalt stellen.

3. Den Teig auf einer bemehlten Arbeitsfläche dünn ausrollen und Kreise sowie Ringe gleicher Größe (Durchmesser ca. 4 cm) und Anzahl ausstechen.

4. Kreise und Ringe auf einem mit Backpapier belegten Blech 10–12 Minuten goldgelb backen.

5. Die Kreise mit dem glatt gerührten Johannisbeergelee bestreichen, die Ringe mit Puderzucker bestäuben und daraufsetzen.

Krokant-Kugeln

Zutaten:

Für den Teig:
125 g weiche Butter
50 g Puderzucker
1 Päckchen Vanillezucker
2 Msp. Zimt
gemahlener Kardamom
1 Eigelb
175 g Mehl Type 405, z. B. von Goldpuder
Mehl zum Ausrollen

Für die Füllung:
50 g schnittfester Nugat
50 g Haselnusskrokant
1 EL Rum

Zum Verzieren:
60 g schnittfester Nugat
30 g Haselnusskrokant

Ergibt etwa 40 Stück.

Zubereitung:

1. Die Zutaten genau abmessen und bereitstellen.

2. Für den Teig die Butter mit dem gesiebten Puderzucker, dem Vanillezucker, dem Zimt und einer Prise Kardamom cremig rühren. Das Eigelb und das gesiebte Mehl unterkneten.

3. Den Teig auf einer bemehlten Arbeitsfläche zu einer Rolle von ca. 40 cm Länge formen und ca. 1 Stunde kalt stellen.

4. Für die Füllung den Nugat im Wasserbad schmelzen und den Nusskrokant sowie den Rum unterrühren. Die Masse etwas abkühlen lassen, zu kleinen Kügelchen formen und ca. 30 Minuten kalt stellen.

5. Den Backofen auf 160° C (Umluft 140° C) vorheizen. Den Teig in ca. 1 cm dicke Scheiben schneiden, je 1 Nugatkügelchen auf 1 Teigscheibe legen und mit dem Teig umhüllen.

6. Daraus Halbkugeln formen, auf ein mit Backpapier belegtes Blech setzen und im heißen Backofen ca. 20 Minuten backen.

7. Die Plätzchen zum Auskühlen auf ein Kuchengitter legen. Für die Verzierung den Nugat schmelzen, mit einem kleinen Pergament-Spritztütchen auf die Plätzchen spritzen und mit dem Krokant verzieren.

Caipirinha-Plätzchen

Für den Teig:
160 g Aurora Sonnenstern-Mehl Type 405
100 g kalte Butter
60 g Zucker, 1 Prise Salz
1 Eigelb
1 TL abgeriebene Schale einer unbehandelten Zitrone oder Limette

Für den Guss:
75 g Puderzucker
2 EL Cachaça (brasilianischer Zuckerrohr-Schnaps) oder weißer Rum
1 EL Limettensaft

Außerdem:
Mehl für die Arbeitsfläche
1 unbehandelte Limette
brauner Zucker

Ergibt etwa 30 Stück.

Zubereitung:

1. Die Zutaten genau abmessen und bereitstellen. Den Backofen auf 175° C, Gas Stufe 2, Umluft 155° C vorheizen.

2. Das Mehl durchsieben und mit der Butter, dem Zucker, Salz, Eigelb sowie einem Esslöffel kaltem Wasser zu einem geschmeidigen Teig verkneten. Die Zitronen- bzw. Limettenschale nach Geschmack einarbeiten.

3. Den Teig in Frischhaltefolie wickeln und 30 Minuten im Kühlschrank ruhen lassen.

4. Den Teig auf einer bemehlten Arbeitsfläche ca. 5 mm dick ausrollen und Plätzchen in verschiedenen Formen ausstechen. Die Plätzchen auf einem mit Backpapier belegten Blech verteilen, ca. acht bis zehn Minuten backen und auskühlen lassen.

5. Den gesiebten Puderzucker mit dem Cachaça bzw. Rum sowie dem Limettensaft glattrühren und die Plätzchen damit bestreichen.

6. Die Limette heiß waschen, trocken tupfen und die Schale mit einem Zestenreißer in Streifen abziehen. Die Plätzchen mit den Zesten und braunem Zucker verzieren.

Christbaumplätzchen

Zutaten:

300 g Mehl Type 405, z. B. von Goldpuder
½ TL Backpulver
150 g Butter
100 g Zucker
1 EL Vanillezucker
1 Ei
60 g Vollmilch-Schokolade
Mehl zum Ausrollen

Zum Verzieren:
125 g gehackte Pistazien
125 g weiße Kuvertüre
bunte Zuckerperlen

Ergibt etwa 50 Stück.

Zubereitung:

1. Die Zutaten genau abmessen und bereitstellen.

2. Das gesiebte Mehl und Backpulver mischen, mit der Butter, dem Zucker, dem Vanillezucker, dem Ei und der im Wasserbad aufgelösten Vollmilch-Schokolade zu einem geschmeidigen Teig verkneten und ca. 1 Stunde kalt stellen.

3. Den Backofen auf 180° C (Umluft 160° C) vorheizen.

4. Den Teig mit etwas Mehl bestäuben, auf einer bemehlten Arbeitsfläche ca. 5 mm dick ausrollen, die Christbäume ausstechen, mit Löchern zum Aufhängen versehen und auf ein mit Backpapier belegtes Backblech legen.

5. Die Plätzchen ca. 12 Minuten backen und auskühlen lassen. Die Kuvertüre nach Packungsanweisung schmelzen. Die Bäume mit der weißen Kuvertüre, den gehackten Pistazien sowie den bunten Zuckerperlen verzieren.

Schoko-Brownies

Zutaten:

Für den Teig:
300 g Mehl
4 EL Kakaopulver
1 gestr. TL Backpulver
1 TL Zimt, gemahlen
¼ TL Nelken, gemahlen
2 Msp. Muskatnuss, gemahlen
100 g Sonnenblumenkerne
250 g Butter
370 g Zucker, 6 Eier

Für die Glasur:
200 g Zartbitter-Kuvertüre
1 TL Zimt, gemahlen
1 Msp. Nelken, gemahlen
½ TL granuliertes Vanille-Aroma, z. B. von Ostmann

Zum Verzieren:
ca. 60 Walnusshälften

Ergibt etwa 60 Stück.

Tipp zum Verschenken:

Eine schöne Dose mit einer stimmungsvollen Serviette auslegen, die Brownies einfüllen und mit dem Deckel verschließen. Nach Wunsch um die Dose noch ein passendes Schleifenband binden.

Zubereitung:

1. Die Zutaten genau abmessen und bereitstellen.
2. Das Mehl, den Kakao und das Backpulver sieben und alles mit den Gewürzen und den Sonnenblumenkernen vermischen.
3. Den Backofen auf 180° C (Umluft 160° C) vorheizen. Die Butter mit dem Zucker schaumig rühren. Die Eier einzeln dazugeben, gut verrühren und die Mehlmischung unterheben.
4. Den Teig auf ein mit Backpapier belegtes Backblech geben, glatt streichen und ca. 20 bis 25 Minuten backen.
5. Die noch warme Teigplatte in Würfel von ca. 4 x 4 cm schneiden und auf dem Blech abkühlen lassen.
6. Für die Glasur die Kuvertüre nach Packungsanweisung schmelzen, mit den Gewürzen vermischen und auf die geschnittene Teigplatte streichen.
7. Den Guss kurz antrocknen lassen, die Brownies vom Blech nehmen, jeweils mit einer halben Walnuss verzieren und den Guss fest werden lassen.

Haselnuss-Kissen

Zutaten:

Für den Teig:
250 g Mehl Type 405
175 g Butter
abgeriebene Schale von
1 unbehandelten Orange
1 Paket Goldpuder
Haselnuss-Füllung
2 EL Milch
3 EL Orangenlikör
4 EL Orangenmarmelade

Zum Verzieren:
100 g Marzipan
150 g Puderzucker
2 EL Orangensaft
Vollmilchkuvertüre

Ergibt etwa 70 Stück.

Zubereitung:

1. Die Zutaten genau abmessen und bereitstellen.
2. Das gesiebte Mehl, die Butter, die Orangenschale und die Hälfte der Haselnuss-Füllung zu einem Mürbeteig verkneten und ca. 30 Minuten kühl stellen.
3. Den Backofen auf 200° C (Umluft 180° C) vorheizen.
4. Den Teig halbieren und jeweils zwischen Frischhaltefolie zu einem Quadrat von ca. 25 x 30 cm ausrollen. Eine Teigplatte als Boden auf ein mit Backpapier belegtes Backblech legen.
5. Die restliche Haselnuss-Füllung mit der Milch, dem Orangenlikör und der Orangenmarmelade verrühren, auf den Boden streichen, mit der zweiten Teigplatte abdecken und ca. 15 Minuten backen.
6. Den Teig nach dem Backen in Quadrate von ca. 3 x 3 cm schneiden und auskühlen lassen.
7. Für die Verzierung das Marzipan mit 50 g von dem gesiebten Puderzucker verkneten, zwischen 2 Lagen Frischhaltefolie ausrollen und kleine Sterne ausstechen.
8. Für den Guss den restlichen Puderzucker mit dem Orangensaft verrühren und die Nussquadrate damit bestreichen. Die Marzipansterne mit der nach Packungsanweisung geschmolzenen Vollmilchkuvertüre verzieren und die Plätzchen damit dekorieren.

GOLD
PUDER

Sternenhimmel

Zutaten:

Für den Teig:
1 Eigelb
1 Fläschchen Bittermandel-aroma
125 g Puderzucker
250 g weiche Butter
200 g Mehl
100 g Speisestärke
150 g gemahlene Mandeln
1 Prise Salz
Mehl zum Ausrollen

Zum Verzieren:
85 ganze Mandeln
Schokoladenglasur

Ergibt etwa 85 Stück.

Zubereitung:

1. Die Zutaten genau abmessen und bereitstellen.

2. Das Eigelb mit 2 EL Wasser und dem Bittermandelaroma gleichmäßig verrühren und bereitstellen.

3. Den Puderzucker durchsieben und anschließend mit der weichen Butter und der Eigelbmasse verrühren.

4. Das Mehl und die Speisestärke durchsieben, hinzufügen, alles miteinander vermischen und mit den Knethaken des Handrührgerätes verkneten.

5. Die gemahlenen Mandeln hinzugeben und einkneten. Den fertigen Teig im Kühlschrank etwa 1 Stunde ruhen lassen. Danach den Teig mit etwas Mehl bestäuben und auf einer bemehlten Arbeitsfläche mit einem Nudelholz ca. 3 mm dick ausrollen.

6. Sterne ausstechen und auf ein mit Backpapier belegtes Blech legen. Im vorgeheizten Backofen bei 180° C (Umluft 160° C) ca. 15 Minuten backen. Anschließend auf einem Kuchengitter auskühlen lassen.

7. Die ganzen Mandeln in einem Topf mit heißem Wasser aufkochen, abseihen und die Schalen mit den Fingern abstreifen.

8. Die Schokoladenglasur nach Packungsanweisung schmelzen, die Sterne eintauchen und auf ein mit Pergamentpapier belegtes Brett legen. In die noch weiche Glasur auf jeden Stern eine Mandel drücken.

4.

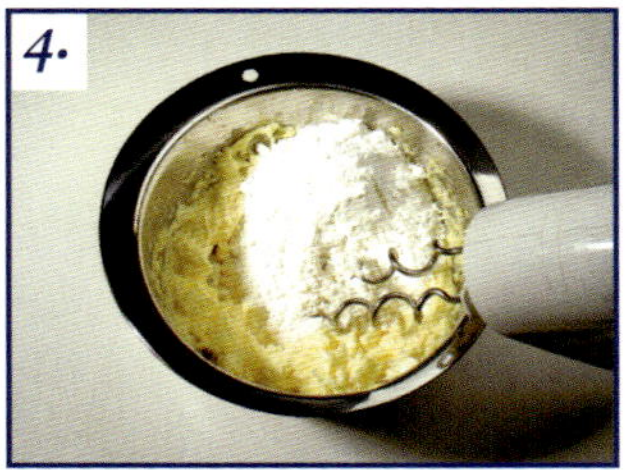

8.

Eierlikör-Nuss-Taler

Zutaten:

Für den Teig:
200 g Butter
100 g Puderzucker
1 Päckchen Vanillinzucker
1 Eigelb
150 g Walnusshälften
300 g Mehl
Mehl für die Hände

Für die Glasur:
75 g Puderzucker
3 EL Eierlikör

Ergibt etwa 65 Stück.

Zubereitung:

1. Die Zutaten genau abmessen und bereitstellen.

2. Die Butter, den gesiebten Puderzucker, den Vanillinzucker und das Eigelb mit den Schneebesen des Handrührgerätes schaumig rühren.

3. Die Walnusshälften auf einem Küchenbrett mit einem scharfen Messer klein hacken.

4. Das Mehl durchsieben und mit 100 g der gehackten Walnüsse in die Buttermasse einkneten.

5. Aus dem Teig mit bemehlten Händen Rollen von ca. 3 cm Durchmesser formen.

6. Die Teigrollen in den restlichen Walnüssen wälzen und im Gefrierfach leicht anfrieren lassen.

7. Anschließend die Teigrollen in ca. 1 cm dicke Scheiben schneiden und auf ein mit Backpapier belegtes Blech legen. Bei 180° C (Umluft 160° C) im vorgeheizten Backofen ca. 15 Minuten backen. Das Gebäck auf einem Kuchengitter auskühlen lassen.

8. Für die Glasur den Puderzucker durchsieben und mit dem Eierlikör zu einer gleichmäßigen Masse verrühren. Die Glasur mit einem Kuchenpinsel auf die Taler streichen und trocknen lassen.

3.

4.

7.

8.

ERPOORTEN

Tannenbäumchen

Zutaten:

Sie benötigen für diese Plätzchen eine spezielle Form, z. B. von Zenker.

Für den Teig:
180 g Butter
180 g Zucker
1 Päckchen Vanillinzucker
1 Fläschchen Rumaroma
etwas Salz
2 Eier
200 g Mehl

Für die Dekoration:
grüne Speisefarbe
Schokoladenglasur
Puderzucker

Außerdem:
6 Schaschlikspieße aus Holz

Ergibt 6 Bäumchen.

Zubereitung:

1. Die Zutaten genau abmessen und bereitstellen.

2. Aus der Butter, Zucker, Vanillinzucker, Rumaroma, Salz und den Eiern eine schaumige Masse rühren.

3. Das Mehl durchsieben und in die schaumige Masse einrühren. Für grüne Bäumchen kann man jetzt die Speisefarbe dazugeben. Die Teigmasse zuvor entsprechend der gewünschten Varianten aufteilen.

4. Die einzelnen Förmchen jeweils zu etwa ⅔ mit Teig füllen. Den Teig mit einem nassen Finger glatt streichen. Bei 150° C (Umluft 130° C) im vorgeheizten Backofen ca. 15 bis 20 Minuten backen.

5. Die Plätzchen aus der Form lösen und erkalten lassen.

6. Für Schokoladenbäumchen jetzt die einzelnen Sterne mit der nach Packungsanweisung geschmolzenen Schokoladenglasur überziehen, indem Sie die Sterne mit der Oberseite eintauchen. Zum Trocknen auf ein mit Pergamentpapier belegtes Brett setzen.

7. Mit den Schaschlikspießen lassen sich die einzelnen Sterne gut aufspießen. Immer zuerst mit dem größten Stern unten beginnen.

8. Die fertigen Bäumchen mit Puderzucker bestäuben.

4.

6.

7.

Tipp:

Man kann auch die Plätzchen zuerst der Reihe nach aufspießen und dann mit Glasur überziehen. Auf die noch weiche Glasur Liebesperlen streuen oder die Bäumchen mit Speisefarben verzieren.

Orangenzöpfe

Zutaten:

Für den Teig:
300 g Mehl
¼ TL Backpulver
60 g Zucker
1 Päckchen Vanillinzucker
2 Päckchen Orange-back
(5 g fertig geriebene
Orangenschale)
200 g kalte Butter
1 Ei
Mehl für die Hände

Zum Verzieren:
125 g Puderzucker
2 EL Orangensaft
3 EL gehackte Pistazien

Ergibt etwa 55 Stück.

Zubereitung:

1. Die Zutaten genau abmessen und bereitstellen.

2. Das Mehl und das Backpulver durchsieben und mit dem Zucker, dem Vanillinzucker und dem Orange-back vermischen.

3. Die kalte Butter in Würfel schneiden und mit der Mehlmischung zu einem bröseligen Teig verarbeiten. Das Ei verquirlen und in den Teig geben.

4. Das Ganze zügig zu einem glatten Teig kneten und im Kühlschrank 30 Minuten ruhen lassen.

5. Anschließend mit bemehlten Händen ca. 8 cm lange, bleistiftdicke Stränge formen. Je 2 Stränge zu einer Kordel drehen und auf ein mit Backpapier belegtes Blech legen. Im vorgeheizten Backofen bei 180° C (Umluft 160° C) ca. 20 Minuten backen.

6. Den Puderzucker durchsieben und mit dem Orangensaft dickflüssig anrühren.

7. Mit einem Kuchenpinsel die erkalteten Zöpfe mit dem Orangenguss bestreichen. Auf den noch weichen Guss die gehackten Pistazien streuen. Die Orangenzöpfe zum Trocknen auf ein mit Pergamentpapier belegtes Kuchengitter legen.

5.

6.

7.

Schmandkringel

Zutaten:

125 g Mehl
2 EL Schmand oder Crème double
100 g weiche Butter
1 Prise Salz
Mehl zum Ausrollen
2 Eigelb
50 g Hagelzucker

Ergibt etwa 45 Stück.

Zubereitung:

1. Die Zutaten genau abmessen und bereitstellen.
2. Das Mehl durchsieben und zusammen mit dem Schmand oder der Crème double, der weichen Butter und dem Salz zügig mit den Knethaken des Handrührgerätes verkneten. Den Teig in Frischhaltefolie einschlagen und 2 Stunden zum Ruhen in den Kühlschrank stellen.
3. Die Arbeitsfläche und den Teig leicht mit Mehl bestäuben und den Teig mit einem Nudelholz dünn ausrollen.
4. Mit 2 runden Gegenständen von unterschiedlichem Durchmesser (z. B. 1,5 und 4 cm) Kringel ausstechen.
5. Die Kringel auf ein mit Backpapier belegtes Blech setzen. Die Eigelbe verquirlen und die Kringel damit bestreichen.
6. Die Kringel mit Hagelzucker bestreuen und im vorgeheizten Backofen bei 180° C (Umluft 160° C) ca. 15 Minuten backen.
7. Die fertigen Schmandkringel zum Auskühlen auf ein Kuchengitter legen.

Gewürzrauten

Zutaten:

Für den Teig:
175 g Sultaninen
3 gehäufte EL Instant-Kaffee
200 g Zucker
2 EL Kakaopulver
175 g Butter
65 g Puderzucker
3 Eier
1 Päckchen Vanillinzucker
1 Prise Muskat, gemahlen
1 gehäufter TL Zimt
½ TL Kardamom
1 Fläschchen Rumaroma
1 gestrichener TL Backpulver
300 g Mehl
1 Prise Salz

Zum Bestäuben:
Puderzucker

Ergibt etwa 50 Stück.

Zubereitung:

1. Die Zutaten genau abmessen und bereitstellen.

2. Die Sultaninen klein schneiden. 250 ml Wasser mit dem Instant-Kaffee verrühren. Alles zusammen mit dem Zucker und dem gesiebten Kakao unter ständigem Rühren 15 Minuten schwach kochen und dann abkühlen lassen

3. Die Butter mit den Schneebesen des Handrührgerätes sahnig rühren. Den Puderzucker durchsieben.

4. In die Buttermasse den Puderzucker, die Eier, Vanillinzucker, Muskat, Zimt, Kardamom und das Rumaroma einrühren.

5. Das mit dem gesiebten Backpulver vermischte Mehl durchsieben und zusammen mit dem Salz in die Butter-Gewürz-Masse einrühren.

6. Zum Schluss die kalte Sultaninenmasse in den Teig einarbeiten.

7. Den Teig auf ein mit Backpapier belegtes Blech streichen und sofort bei 180 bis 190° C (Umluft 160 bis 170° C) im vorgeheizten Backofen ca. 15 bis 20 Minuten backen.

8. Das Gebäck auf ein Schneidebrett ziehen, auskühlen lassen, in gleichmäßige Rauten schneiden und mit Puderzucker bestäuben.

2.

6.

8.

Zimtsterne

Zutaten:

Für den Teig:
6 Eier Größe L
500 g Zucker
1 Päckchen Vanillezucker
½ Fläschchen Zitronenaroma
200 g gemahlene Walnüsse
400 g gemahlene Mandeln
100 g gemahlene Haselnüsse
15 g Zimt
100 g Mehl
Mehl zum Ausrollen

Für den Guss:
1 Eiweiß
250 g Puderzucker
1 ½ EL Zitronensaft

Ergibt etwa 120 Stück.

Zubereitung:

1. Die Zutaten genau abmessen und bereitstellen.

2. Die Eigelbe vom Eiweiß trennen. Den Zucker, den Vanillezucker und das Zitronenaroma miteinander vermischen.

3. Das Eiweiß anschlagen. Nach und nach das Gemisch aus Zucker, Vanillezucker und Zitronenaroma hinzufügen und das Ganze zu schnittfestem Eischnee schlagen.

4. Die Nüsse und den Zimt miteinander vermischen und die Eiweiß-Zucker-Masse mit einem Rührlöffel unterheben.

5. Das gesiebte Mehl ebenfalls unterrühren.

6. Für den Guss das Eiweiß, den gesiebten Puderzucker und den Zitronensaft ca. 2 Minuten lang mit einem Schneebesen verrühren. Anschließend den Guss mit einem feuchten Tuch abdecken, damit er nicht antrocknet.

7. Den Teig mit etwas Mehl bestäuben, auf einer bemehlten Arbeitsfläche mit dem Nudelholz ca. 8 mm dick ausrollen und mit der Glasur bestreichen.

8. Mit dem nassen Ausstecher die Sterne ausstechen und auf ein mit Backpapier belegtes Blech legen. Der ausgerollte Teig, der beim Ausstechen übrig bleibt, kann neu zusammengeknetet, wieder ausgerollt und mit Guss bestrichen werden. Hilfreich ist es dabei, noch einige gemahlene Nüsse hinzuzufügen, damit der Teig nicht klebt.

9. Den Guss gut trocknen lassen und die Zimtsterne anschließend bei 150° C im vorgeheizten Backofen ca. 20 Minuten mit Unterhitze backen, damit der Guss strahlend weiß bleibt.

Kokos-Ingwer-Sterne

Zutaten:

Für den Teig:
200 g Mehl
50 g Speisestärke
50 g Kokosraspel
1 Ei
100 g Zucker
200 g Butter
abgeriebene Schale von
1 unbehandelten Orange
1 Prise Salz
½ TL Muskatblüte, gemahlen
1 ½ TL Zimt, gemahlen
1 TL Kardamom, gemahlen
2 TL gemahlener Ingwer, z. B. von Ostmann
Mehl zum Ausrollen

Außerdem:
1 Eigelb
1 TL Ingwersirup
30 g Kokosraspel
125 g Aprikosenmarmelade

Ergibt etwa 25 Stück.

Zubereitung:

1. Die Zutaten genau abmessen und bereitstellen.

2. Das Mehl mit der Speisestärke in eine Schüssel sieben, die Kokosraspel, das Ei, den Zucker und die Butter in Flöckchen, die Orangenschale, das Salz sowie die Gewürze hinzufügen. Das Ganze zu einem glatten Teig verarbeiten und in Frischhaltefolie gewickelt ca. 1 Stunde kalt stellen.

3. Den Backofen auf 200° C (Umluft 180° C) vorheizen.

4. Den Teig mit etwas Mehl bestäuben und auf einer bemehlten Arbeitsfläche ca. 3 mm dünn ausrollen. Mit sternförmigen Ausstechern (ca. 8,5 cm und 5,5 cm) jeweils die gleiche Anzahl an Plätzchen ausstechen, sodass sie später terrassenförmig zusammengesetzt werden können.

5. Das Eigelb mit dem Ingwersirup und ein paar Tropfen Wasser glatt rühren und die Sternchen damit bestreichen. Die kleineren Sterne auf die größeren setzen, mit den Kokosraspeln bestreuen, auf ein mit Backpapier belegtes Backblech legen und ca. 8 bis 10 Minuten backen.

6. Die Aprikosenmarmelade erhitzen und je 2 Plätzchen mit der Marmelade zusammensetzen.

Kalte Hunde

Zutaten:

250 g Palmin
125 g Blockschokolade
250 g Zucker
1 Päckchen Vanillinzucker
4 Eier
15 rechteckige Oblaten
(12 x 20 cm)

Ergibt etwa 100 Stück.

Empfehlung:
Nur in den kalten Jahreszeiten zubereiten!

Zubereitung:

1. Die Zutaten genau abmessen und bereitstellen.
2. Das Palmin und die Blockschokolade im heißen Wasserbad flüssig machen.
3. In die Flüssigkeit den Zucker, den Vanillinzucker sowie die Eier einrühren und die Masse mindestens 2 Stunden im Kühlschrank kalt stellen.
4. Die kalte Masse auf eine Oblate streichen, eine zweite Oblate darauflegen, dann wieder Schokoladenmasse usw. Für eine Einheit 5 Oblaten verwenden.
5. Erneut ca. 2 Stunden kalt stellen. Besser ist es, die Kalten Hunde über Nacht im Kühlschrank fest werden zu lassen.
6. Die sehr gut gekühlten Platten mit einem scharfen Messer in kleine Rauten oder Würfel schneiden. Kalte Hunde schmecken eiskalt am besten.

Marzipanquadrate

Zutaten:

Für den Teig:
200 g Mehl
½ Päckchen Backpulver
80 g Zucker
1 Ei
75 g Butter
200 g Aprikosenmarmelade
Fett für das Blech
400 g Marzipan-Rohmasse
1 Eiweiß

Zum Verzieren:
Schokoladenglasur

Ergibt etwa 50 Stück.

Zubereitung:

1. Die Zutaten genau abmessen und bereitstellen.

2. Das Mehl und das Backpulver durchsieben und mit dem Zucker, dem Ei und der Butter zu einem glatten Teig verkneten.

3. Die Aprikosenmarmelade durch ein Sieb drücken, damit sie gleichmäßig streichfähig ist.

4. Den Teig auf einem gefetteten Backblech ausrollen und mit einer Gabel ca. 20- bis 30-mal einstechen. Bei 180° C (Umluft 160° C) im vorgeheizten Backofen ca. 10 bis 15 Minuten hellgelb backen.

5. Die Aprikosenmarmelade gleichmäßig auf dem noch heißen Teig verteilen.

6. Die Marzipan-Rohmasse zwischen 2 Blättern Pergamentpapier in der Größe des Backbleches ausrollen.

7. Das Marzipan auf den Teig legen und dünn mit dem Eiweiß bestreichen. Bei 180° C ca. 5 bis 10 Minuten goldgelb backen. Achtung: Die Marzipanmasse darf nicht braun werden.

8. Das ausgekühlte Gebäck in ca. 3 x 3 cm große Quadrate schneiden.

9. Die Schokoladenglasur nach Packungsanweisung schmelzen und jeweils 2 Quadrate gegeneinandergelegt diagonal eintauchen. Zum Trocknen auf ein mit Pergamentpapier belegtes Brett legen.

6.

8.

Hedis Milchoblaten

Zutaten:

½ l süße Sahne
½ l Milch
250 g Zucker
Mark von 1 Vanillestange
2 große Waffeln
(ca. 27 x 37 cm)

Ergibt etwa 90 Stück.

Zubereitung:

1. Die Zutaten genau abmessen und bereitstellen.

2. Alle Zutaten bis auf die Waffeln in einen großen Topf geben und zum Kochen bringen. Auf kleinster Stufe unter ständigem Rühren weiterkochen, bis sich der Schaum setzt.

3. Die Masse ca. 1 Stunde auf kleiner Stufe weiterkochen, bis sie dickflüssig wird. Dabei ständig rühren.

4. Die beiden Waffeln jeweils im großen Muster ca. 3 bis 4 mm dick mit der Masse bestreichen.

5. Die Waffeln zusammenlegen und ca. 2 Stunden beschweren, bis sie völlig erkaltet sind.

6. Zum Schluss in 2 x 5 cm große Streifen schneiden.

Walnuss-Nugat-Taler

Zutaten:

290 g Mehl Type 405, z. B. von Goldpuder
280 g Zucker
1 Ei
125 g Butter
1 TL abgeriebene Schale von 1 unbehandelten Zitrone
40 Walnusshälften
1 EL Öl
Mehl zum Ausrollen
100 g Zartbitter-Kuvertüre
100 g Nugat
50 g gemahlene Walnusskerne
Puderzucker

Ergibt etwa 40 Stück.

Zubereitung:

1. Die Zutaten genau abmessen und bereitstellen.

2. Das gesiebte Mehl, 80 g von dem Zucker, das Ei, die Butter und die Zitronenschale zu einem glatten Teig verkneten und ca. 1 Stunde kalt stellen.

3. Den restlichen Zucker in einem Topf bei geringer Hitze schmelzen und bei gelegentlichem Umrühren goldbraun karamellisieren lassen. Die Walnusshälften darin wenden. Ein Backblech mit Alufolie auslegen, mit dem Öl bestreichen und die karamellisierten Walnüsse darauf abkühlen lassen.

4. Den Backofen auf 180° C (Umluft 160° C) vorheizen.

5. Den Teig mit etwas Mehl bestäuben, auf einer bemehlten Arbeitsfläche ca. 3 bis 4 mm dick ausrollen und mit einem ovalen Plätzchenausstecher mit gewelltem Rand ca. 80 Taler mit ca. 4 cm Durchmesser ausstechen.

6. Die Taler auf mehrere mit Backpapier belegte Bleche legen, nacheinander ca. 15 Minuten backen und auskühlen lassen.

7. Die Kuvertüre nach Packungsanweisung schmelzen, den Nugat darin auflösen und 2 EL der Creme beiseitestellen.

8. Die restliche Masse mit den gemahlenen Walnüssen vermischen, die Hälfte der Plätzchen damit bestreichen und mit der anderen Hälfte abdecken. Je 1 karamellisierten Walnusskern mit der beiseitegestellten Creme auf die Plätzchen kleben, fest werden lassen und mit Puderzucker bestäubt servieren.

Florentiner

Zutaten:

30 g Butter
125 g Zucker
⅛ l süße Sahne
100 g Belegkirschen
100 g gehackte Mandeln
125 g fein gehacktes Orangeat
150 g dunkle Kuvertüre

Ergibt etwa 40 Stück.

Zubereitung:

1. Die Zutaten genau abmessen und bereitstellen.
2. Die Butter mit dem Zucker und der Sahne in einer Pfanne unter ständigem Rühren aufkochen. Etwa 3 bis 4 Minuten leicht weiterkochen lassen.
3. Die Belegkirschen auf einem Küchenbrett in kleine Stücke schneiden.
4. Die Mandeln, das Orangeat und die Belegkirschen in die Zucker-Sahne-Masse einrühren. Sanft kochen lassen, bis eine zähe Masse entstanden ist.
5. Mit 2 Teelöffeln kleine Häufchen auf ein mit Backpapier belegtes Blech setzen. Genügend Abstand lassen, da die Häufchen flach zerlaufen. Im vorgeheizten Backofen bei 200° C (Umluft 180° C) etwa 8 Minuten backen.
6. Die Florentiner zum Auskühlen auf einen Kuchenrost setzen.
7. Die Kuvertüre nach Packungsanweisung schmelzen. Die Florentiner auf der Unterseite dünn mit der Kuvertüre bestreichen und abkühlen lassen. Erneut mit Kuvertüre bestreichen und mit einem gezahnten Teigschaber Ornamente einziehen.

Springerle

Zutaten:

Man benötigt hierzu Holzmodel.

500 g Puderzucker
4 Eier
1 Prise Hirschhornsalz
1 EL Rum
1 Päckchen fertig geriebene Zitronenschale (6 g)
1 Prise Salz
1 TL gemahlener Anis
500 g Mehl
Mehl zum Ausrollen
Fett für das Blech

Ergibt etwa 3 Backbleche mit Springerle in verschiedenen Größen.

Tipp:

Man backt die Springerle mindestens 4 Wochen vor Weihnachten und lagert sie in Blechdosen an einem kühlen Ort.

Zubereitung:

1. Die Zutaten genau abmessen und bereitstellen.
2. Den Puderzucker durchsieben und mit den Eiern schaumig rühren.
3. Das Hirschhornsalz im Rum auflösen. Die Zitronenschale, die Prise Salz und den Anis mit einem Löffel verrühren. Das Ganze in die Puderzuckermasse einrühren.
4. Das Mehl durchsieben und mit den Knethaken des Handrührgerätes in die Masse einkneten. Der Teig muss gut durchgeknetet werden und anschließend 1 bis 2 Stunden ruhen. Dabei die Teigschüssel mit einem feuchten Tuch abdecken.
5. Den Teig mit etwas Mehl bestäuben und auf einer bemehlten Arbeitsfläche ca. 6 bis 7 mm dick ausrollen.
6. Die Holzmodel mit etwas Mehl bestäuben und fest in den Teig eindrücken. Die Form ringsum ausrädeln.
7. Die Springerle auf ein gefettetes Backblech legen. Im vorgeheizten Backofen bei 150° C (Umluft 130° C) ca. 25 bis 30 Minuten backen. Sie müssen weiß bleiben. Wenn nötig, muss man die Springerle nach der halben Backzeit mit Pergamentpapier abdecken.

Keksstreifen mit Schokotröpfchen

Zutaten:

200 g Margarine,
z. B. von Sanella
250 g brauner Zucker
1 EL Zimt
½ TL gemahlener Piment
3 Eier
250 g Mehl
½ Päckchen Backpulver
100 g Schokoladentropfen
100 g gehackte Mandeln
50 g Hagelzucker

Zum Verzieren:
200 g dunkle Schokoladenglasur

Ergibt etwa 64 Stück.

Zubereitung:

1. Die Zutaten genau abmessen und bereitstellen.

2. Die Margarine und den Zucker mit dem Zimt und Piment mit den Schneebesen des Handrührgerätes cremig rühren, die Eier nacheinander dazugeben und untermischen.

3. Das Mehl mit dem Backpulver mischen und sieben, zu der Teigmasse geben und alles mit den Knethaken des Handrührgerätes verkneten. Die Schokotropfen und die gehackten Mandeln zum Teig geben und unterkneten.

4. Den Teig auf ein mit Backpapier belegtes Blech streichen und mit dem Hagelzucker bestreuen. Bei 200° C (Umluft 180° C) ca. 20 Minuten im vorgeheizten Backofen backen.

5. Die noch warme Teigplatte in ca. 16 Längsstreifen und ca. 4 Querstreifen schneiden. Die Keksstreifen auf einem Kuchengitter auskühlen lassen.

6. Die Schokoladenglasur im Wasserbad erwärmen. Die Unterseite der Keksstreifen mit der Schokoladenglasur bestreichen und die Glasur fest werden lassen.

Gefüllte Eierlikörsterne

Zutaten:

125 g Butter
250 g Puderzucker
1 Prise Salz
abgeriebene Schale von
1 unbehandelten Zitrone
1 Ei
180 g Mehl
70 g Speisestärke
100 g gemahlene Mandeln
2 TL Zimt, gemahlen
2 TL Vanillezucker mit echter Bourbon-Vanille, z. B. von Ostmann
Mehl für die Arbeitsfläche
3 EL Eierlikör

Ergibt etwa 30 Stück.

Tipp:

Nach Wunsch die kleinen ausgestochenen Sterne mit der restlichen Glasur verzieren und ebenfalls mit Puderzucker bestäuben.

Zubereitung:

1. Die Zutaten genau abmessen und bereitstellen.
2. Die Butter, 100 g von dem gesiebten Puderzucker, das Salz, die Zitronenschale und das Ei verrühren.
3. Das Mehl und die Speisestärke sieben und mit den gemahlenen Mandeln und den Gewürzen kurz unterkneten. Den Teig in Frischhaltefolie gewickelt ca. 1 Stunde kalt stellen.
4. Den Backofen auf 180° C (Umluft 160° C) vorheizen.
5. Den Teig mit etwas Mehl bestäuben, auf einer bemehlten Arbeitsfläche ca. ½ cm dick ausrollen und mit einem sternförmigen Ausstecher (ca. 8,5 cm) Plätzchen ausstechen. Aus der Hälfte der Plätzchen in der Mitte jeweils einen kleinen Stern (ca. 3,5 cm) ausstechen.
6. Die Plätzchen auf ein mit Backpapier belegtes Blech legen, ca. 8 bis 10 Minuten backen und etwas abkühlen lassen.
7. Die Plätzchen mit dem ausgestochenen Stern in der Mitte mit ca. 20 g von dem Puderzucker bestäuben.
8. Den restlichen Puderzucker mit dem Eierlikör glatt rühren, die Plätzchen ohne Stern in der Mitte damit bestreichen, mit den ausgestochenen Plätzchen zusammensetzen und trocknen lassen.

Lebkuchen

Zutaten:

Für den Teig:
2 Eier
200 g Zucker
2 TL Zimt
¼ TL Kardamom
¼ TL Muskat
1 Msp. Nelken, gemahlen
1 TL Ingwerpulver
1 Päckchen fertig geriebene Zitronenschale (6 g)
100 g Mehl
1 TL Backpulver
200 g gehackte Mandeln
50 Backoblaten (50 mm Durchmesser)

Zum Verzieren:
Schokoladenglasur
100 g Puderzucker
1–2 EL Zitronensaft
Belegkirschen
Krokant
gehackte Pistazien
Dekorblättchen

Ergibt etwa 50 Stück.

Zubereitung:

1. Die Zutaten genau abmessen und bereitstellen.

2. Die Eier und den Zucker mit den Schneebesen des Handrührgerätes schaumig schlagen.

3. Den Zimt, Kardamom, Muskat, Nelken, Ingwer und die Zitronenschale in die Zuckermasse einrühren.

4. Das Mehl und das Backpulver durchsieben und mit den Mandeln unter die Masse heben.

5. Die Oblaten auf 2 Backblechen verteilen. Den Teig in einen Spritzbeutel mit einer großen Lochtülle füllen und kleine Häufchen auf die Oblaten spritzen.

6. Im vorgeheizten Backofen bei 180° C (Umluft 160° C) ca. 15 Minuten backen. Das Gebäck zum Auskühlen auf ein Kuchengitter legen.

7. Die Schokoladenglasur nach Packungsanweisung schmelzen und die Hälfte der Lebkuchen damit bestreichen. Den Puderzucker durchsieben und mit dem Zitronensaft zu einem streichfähigen Guss verrühren. Die restlichen Lebkuchen damit bestreichen. Die Lebkuchen nach Belieben mit Belegkirschen, Krokant, gehackten Pistazien und Dekorblättchen verzieren und trocknen lassen.

4.

5.

7.

Anisplätzchen

Zutaten:

225 g Puderzucker
3 Eier
225 g Mehl
1 ½ TL gemahlener Anis
Margarine und Mehl für das Blech

Ergibt etwa 125 Stück.

Zubereitung:

1. Die Zutaten genau abmessen und bereitstellen.

2. Den Puderzucker durchsieben und zusammen mit den Eiern mit dem Schneebesen zu einer hellen Creme schlagen. Mit dem Handrührgerät mindestens 10 Minuten auf höchster Stufe rühren.

3. Das Mehl durchsieben. Den Anis und das Mehl nach und nach in die Zuckermasse einrühren. Die Masse muss dann weiß und sehr zähflüssig sein und darf kleine Blasen zeigen.

4. Die Masse in einen Spritzbeutel mit einer Lochtülle füllen.

5. Ein mit Backpapier belegtes Blech mit etwas Margarine bestreichen und mit Mehl bestäuben. Ca. 3 cm große Häufchen mit etwas Abstand auf das Blech spritzen. Die Häufchen sollen an der Oberfläche glatt sein. Bei Zimmertemperatur ca. 3 Stunden antrocknen lassen.

6. Anschließend bei 180° C (Umluft 160° C) im vorgeheizten Backofen ca. 15 Minuten backen. Die Plätzchen sollten auf einem kleinen Füßchen stehen und eine weiße Haube bekommen. Auch wenn die kleinen Füßchen nicht gelingen – die Anisplätzchen schmecken trotzdem!

3.

4.
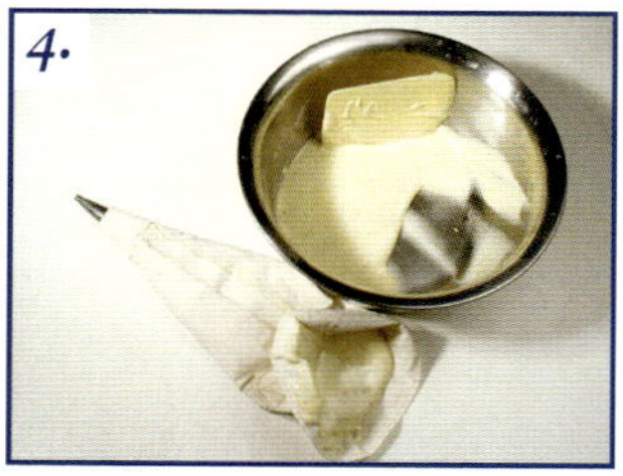

5.
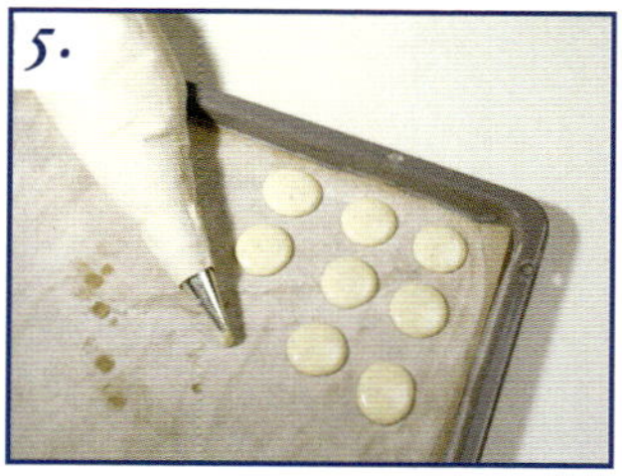

6.

Goebel
ROSINA

Register

Anisplätzchen 82–83
Aprikosenhäufchen 31

Baiser-Plätzchen 24–25
Buntes Spritzgebäck 42–43
Buttergebäck 16–17

Caipirinha-Plätzchen 49
Christbaumplätzchen 50

Eierlikör-Nuss-Taler 56–57

Florentiner 76
Fruchthäufchen 23

Galgantplätzchen 36
Gefüllte Eierlikörsterne 79
Gewürzrauten 64–65

Haselnuss-Kissen 52–53
Hedis Milchoblaten 74
Heidesand 28–29
Hirseplätzchen 38–39

Kalte Hunde 70–71
Karlsbader Zitronenringe 46
Keksstreifen mit Schokotröpfchen 78
Kokos-Ingwer-Sterne 68–69
Kokos-Quark-Makronen 37
Krokant-Kugeln 48

Lebkuchen 80–81
Liebesgrübchen 44

Macadamia-Crisps „Ayers Rock" 34
Mandelsplitter 20–21
Marzipankugeln 45
Marzipanquadrate 72–73
Mini-Knusper-Cookies 19

Orangenzöpfe 60–61

Pistazien-Mokka-Sterne 27

Schmandkringel 62–63
Schoko-Brownies 51
Schokokleckse 30
Schoko-Knusperflocken 18
Schoko-Krokant-Stangen 22
Schokoladen-Kipferl 40–41
Schokoladige Snowcaps 32–33
Spitzbuben 47
Springerle 77
Sternenhimmel 54–55

Tannenbäumchen 58–59

Vanillekipferl 26

Walnuss-Nugat-Taler 75

Zimtmakronen 35
Zimtsterne 66–67

Genehmigte Lizenzausgabe
EDITION XXL GmbH
Fränkisch-Crumbach 2012
www.edition-xxl.de

Idee und Projektleitung: Sonja Sammüller
Layout, Satz und Umschlaggestaltung:
design cat GmbH

ISBN (13) 978-3-89736-810-1
ISBN (10) 3-89736-810-2

Bildnachweis

Wir danken folgenden Firmen für ihre freundliche Unterstützung:

Aurora 32–33, 40–41, 49
Molkerei Weihenstephan 42–43
Peter Kölln KGaA, Elmshorn 22, 47
The Food Professionals Köhnen AG, Sprockhövel
– Goldpuder 27, 48, 50, 52–53, 75
– Nutella 19, 34
– Ostmann 35, 51, 68–69, 79
Toppits® 46
Unilever Deutschland GmbH, Hamburg
– Sanella 78